AF395214

SOUVENIR DU MARIAGE

DE

MONSIEUR JOSEPH DE POORTERE

ET DE

MADEMOISELLE MARCELLE MAIRE

Eglise de Saint-Claude — La Grange-du-Collège

17 Mai 1909

ALLOCUTION

de M. l'abbé PHEULPIN, chanoine de la Métropole

de Besançon, ami de la famille.

L'homme vient de Dieu ; sa parole toute puissante l'a créé dans un état de perfection et de bonheur, en lui donnant l'empire sur toute la terre. — Et quand le premier homme et la première femme furent en présence de leur Créateur, il les bénit et leur dit : « Croissez et multipliez et soyez le père et la mère de toute l'humanité. »

Il leur communique son pouvoir créateur et, quand, de leur sang et de leur vie, ils ont produit un nouvel être, le Très-Haut intervient pour unir à cet être naissant une âme spirituelle, libre et immortelle et la forme à son image et à sa ressemblance.

Voilà le mariage primitif, avec sa haute mission : propager le genre humain, créer la famille et faire de la famille, la source et le type de la société avec l'autorité du père, le dévouement de la mère et la sujétion filiale de l'enfant. C'est en vertu de ces principes que le monde a vécu pendant des siècles. Une ère nouvelle, qui date de 1.900 ans s'est levée. Un homme a paru, puissant en paroles et en œuvres, se déclarant et se montrant le Fils de Dieu. C'est Jésus-Christ que le monde chrétien appelle Notre Seigneur.

Voulant relever l'homme et donner à la terre une civilisation plus parfaite, il a ennobli le mariage ; il en a tracé le caractère et les conditions d'une main divine et paternelle. Dans cette nouvelle constitution, il n'a pas voulu opprimer la nature et les lois qu'il lui a données sont conformes aux vœux les plus sages de l'humanité.

Quand deux jeunes cœurs se sentent attirés par une affection mutuelle, quand ils veulent s'attacher l'un à l'autre par un amour chaste et fécond, par le mariage, ils se sentent animés de trois désirs :

Se donnant tout entiers, ils n'admettent point de division, point de partage ; ils ne permettent pas qu'une affection étrangère vienne amoindrir leur union et troubler l'ordre de la famille ; de là cette loi divine de l'unité du mariage : « *Erunt duo in carne unâ* ; ils seront deux et deux seulement dans une seule chair et une seule vie. »

Ceux qui s'aiment véritablement veulent que leur amour n'ait point de terme ; ce n'est pas un caprice passager qui les unit, mais un ardent désir de mettre pour toujours en commun leurs vies, leurs intérêts et leurs affections. C'est l'éternité qu'ils voudraient, si elle existait sur terre.

De là cette seconde règle divine du mariage, l'indissolubilité : « Que l'homme ne sépare pas ce que Dieu a uni, *Quod deus conjunxit, homo non separet.* »

Une troisième aspiration anime le cœur des époux : ils voient la vie leur échapper chaque jour ; ils sentent que toute joie ne les satisfait pas ; au-delà de cet horizon borné, ils portent leurs regards vers des régions infinies, vers une vie pleine et sans fin, où il n'y a plus de larmes, plus de craintes, plus de séparations, mais un bonheur parfait et qui durera toujours. Concourir ensemble à cette admirable destinée, c'est la troisième loi du mariage : la sainteté. C'est pourquoi le mariage est un sacrement : *Sacramentum hoc magnum.* Par la vertu de ce sacrement, quand vos lèvres auront dit « Oui », aussitôt une lumière d'en haut se répandra dans votre esprit, pour vous diriger dans toutes vos voies et vous faire adopter en toutes choses le parti le plus sage ; un attrait plein de charmes vous retiendra dans le devoir et vous rendra la vertu aimable et facile ; une force inconnue s'emparera de vos âmes pour leur donner le courage et la persévérance. Voilà l'effet du Sacrement ; en voici le précepte : Epoux, vous vous aimerez comme s'aiment Jésus-Christ et son Eglise.

Or, dans son amour pour son épouse, Jésus-Christ a bravé les outrages, les tourments et la mort. Il est toujours avec elle, pour l'inspirer, protéger son honneur et sa liberté, et si quelque audacieux lui manque de respect, il le traite comme un traître et un criminel : « *Sicut ethnicus et publicanus.* »

De son côté, l'Eglise est toute à son divin époux : elle lui offre son cœur, par cette multitude de saints qui l'aiment et qui le servent ; elle lui offre ses travaux par ses Apôtres et tous ceux qui propagent son Evangile ; elle lui offre sa vie par ces milliers de martyrs qui sont immolés pour Lui et dont le sang est une semence de nouveaux chrétiens. Voilà le modèle qui est placé devant vos yeux. Il sera, nous en avons l'assurance, la règle constante de votre vie.

Car, par votre éducation et par vos œuvres, vous êtes chrétiens.

Vous, mon cher ami, la Providence vous a fait naître dans une belle et nombreuse famille ; les dévouements et les tendresses vous ont toujours entouré ; une foi profonde, un nom respecté, l'intelligence et la loyauté dans les affaires, la bienfaisance la plus large ont bercé votre enfance et votre jeunesse. Mais, dans cette famille si unie, vous avez contemplé, vous avez admiré une aïeule qui vous a paru parfaite. Or, ce modèle des épouses et des mères était une française ; n'est-ce pas elle qui vous a inspiré l'idée de choisir en France la compagne de votre vie ?

Vous avez réussi dans votre choix.

Celle qui vous donne sa main vous a donné son cœur ; pour vous elle quitte ce foyer qui lui est si cher ; elle se sépare de sa patrie, objet de ses affections ; elle vous suit dans une région lointaine où elle ne connait que vous. Vous lui tiendrez lieu de patrie, de famille, de père et de mère, de sœur et de frères ; vous lui tiendrez lieu de tout et vous lui ferez sentir tout ce qu'il y a de beauté et de douceur dans cette devise de votre pays belge : « L'Union fait la force. »

Pour vous, ma chère enfant, vous êtes très heureusement née ; mais déjà l'affliction vous a éprouvée et a mûri votre caractère. Vous avez pleuré le plus aimant des pères, qui mettait en vous toute sa joie ; mais avant de vous quitter, il vous a inspiré des goûts artistiques et modestes ; il vous a habituée à l'ordre, au travail et à cette générosité d'âme qui lui a valu tant et de si nobles amitiés.

Votre vénérée mère a achevé votre éducation : elle vous a fait aimer la maison de Dieu ; elle vous a conduite à la demeure du pauvre, elle vous a appris à pratiquer la piété, la charité et cette bienveillance digne et attentive qui distingue la vraie maîtresse de maison. Votre sœur et vos frères se sont réjouis de vos qualités et de vos vertus.

Aussi ne sommes-nous pas surpris de voir aujourd'hui ce brillant cortège qui forme autour de vous une couronne d'honneur : ce sont d'honorables parents, dont plusieurs sont venus de loin, tous fiers que vous soyez de leur famille ; ce sont de nombreuses amies dont l'intelligence et le cœur ont réjoui votre jeunesse ; ce sont de notables habitants de la contrée qui honorent votre mère et qui se souviennent de votre père.

A leur tête, nous remarquons avec bonheur ses anciens collègues, les magistrats de la Cour et du Tribunal et nous saluons avec respect leur premier Président, qui a bien voulu être votre témoin et comme votre parrain.

A tous ces vœux de bonheur dont vous êtes l'objet, votre bon et zélé pasteur va mettre le comble, en célébrant pour vous l'action la plus sainte de la Religion, le divin sacrifice, qui procure toutes les bénédictions du temps présent et toutes les espérances de la vie future.

TOAST

de M. le Premier Président GOUGEON

Témoin de la mariée

Cher Monsieur Joseph de Poortere,

Vous êtes venu ici pour cueillir une des plus gracieuses fleurs de nos parterres comtois. Vous avez, en cette circonstance, fait preuve d'un goût raffiné, nous vous en félicitons.

Notre seul regret est de vous voir la transporter dans des régions si lointaines, que seule notre affectueuse sympathie pourra l'y suivre, mais nous voulons espérer que ce ne sera que pour un temps limité et que, dans un avenir rapproché, vous reviendrez tous deux auprès de nous.

Mais ce que nous souhaitons, avant tout, pour votre gentil ménage, c'est le bonheur complet dans la vie intérieure ; il est assuré, je le sais, par vos précieuses qualités réciproques et par l'affection, sans réserves, que vous éprouvez l'un pour l'autre. Vous vous la devez, d'ailleurs, car vous êtes dignes chacun de ce sentiment.

Je ne doute pas que, dès demain et toujours, vous n'arriviez à goûter ce bonheur idéal que Madame Schwetchine définissait « le bonheur les yeux fermés ». Ceci dit : nous applaudissons au choix que Madame Marcelle a fait de l'homme distingué que vous êtes et qui a su, en même temps que conquérir son cœur, s'attirer toutes les sympathies.

Notre amie Marcelle, qui, en souvenir de son regretté père, mon vieil ami, m'a fait ainsi que sa mère, l'honneur de me demander de l'assister dans cet acte important de sa vie, a voulu aussi que je représente, auprès d'elle, la compagnie où le nom de notre ancien président n'est jamais prononcé qu'avec la plus déférente attention. Je les remercie toutes les deux du témoignage de sympathie qu'elles m'ont donné en ce jour solennel.

Mon cher Monsieur de Poortere, notre amie, Marcelle, est bien digne je vous l'affirme, du bonheur qu'elle ne manquera pas de trouver auprès de vous.

Il fut un moment dans sa vie où elle a été admirable de piété filiale. Son père venait d'être atteint d'un mal cruel. C'était à une heure de l'existence de Marcelle, où toutes ses compagnes étaient attirées vers les plaisirs du monde et les succès qu'on y rencontre. Elle refusa de s'y associer, alors qu'ils étaient cependant de son âge et peut-être dans ses goûts. Elle se renferma dans cette demeure prêtant à son excellente mère la plus touchante assistance et se consacrant avec une patience inlassable aux soins qu'elle donnait à celui qui devait mourir en la bénissant.

Nul de vous, Mesdames et Messieurs, n'a oublié combien elle fut bonne et bienfaisante alors, et nous savons, nous qui la connaissons et l'aimons, combien elle le sera toujours.

Je vous demande, Mesdames et Messieurs, de boire au parfait bonheur qui sera surement réalisé dans cette charmante union et de lever aussi nos verres en l'honneur des jeunes époux et de leurs familles si respectées :

A Monsieur et Madame Joseph de Poortere,

Aux familles de Poortere et Alfred Maire.

TOAST

de M. Albert SOENENS

VICE-PRÉSIDENT DU TRIBUNAL DE BRUXELLES

Oncle du marié

Mesdames,

Messieurs,

Je fais droit bien volontiers à la requête qui m'a été adressée par mes parents pour vous proposer en leur nom de boire à l'union parfaite non seulement des deux jeunes époux, mais de nos deux familles et remercier en même temps Monsieur le premier Président Gougeon de son toast si bienveillant.

Cette requête, mon cher et honoré Président, outre qu'elle a le charme de l'imprévu, fait évidemment partie de ce que nous appelons au Palais « la juridiction gracieuse » : il suffit de jeter un coup d'œil sur les « grâces » rassemblées autour de nous et en particulier sur la toute gracieuse élue de mon neveu.

Dans notre petite mais populeuse Belgique, on recommande à juste titre aux familles nombreuses et vigoureuses comme celle de mon neveu, de faire de « l'expansion mondiale ». Mais mon cher neveu a

perfectionné l'application du précepte : il a fait de
« l'expansion mondiale » de Courtrai à Tanger, mais
il y a joint « l'expansion cordiale » jusqu'à Besançon... en passant par Vichy. Et il a abouti ainsi à une
« entente cordiale » qui paraît devoir être aussi
durable que parfaite,... union de deux cœurs et de
deux familles.

En droit comme en fait, il ne faudra pas de longs
considérants pour motiver ce jugement et le rendre
inattaquable devant toutes juridictions, devant toutes
les cours d'appel, fussent-elles de Besançon ou de
Bruxelles, et même devant la Cour de cassation du
Temps ! Il suffit de « considérer » un instant encore
les qualités si nombreuses et diverses de ma chère
nièce auxquelles nous rendons tous hommage autant
(si non aussi bien que Monsieur le premier Président), de « considérer » aussi les qualités si appré-
ciables et charmantes de ses parents, de ses parentes
surtout !

Et permettez-moi d'avoir égard spécialement aussi
à la « considération » si générale et légitime de la
famille Maire, à laquelle, comme magistrat, je suis
heureux de pouvoir m'associer ici.

Voilà mon jugement, voilà notre jugement à tous,
consacré par l'Amour inattaquable. par le Temps et
l'Espace ! « *Sursum Corda* » Pleins de confiance en
cette union providentielle et parfaite de deux âmes
d'élite et de deux familles respectées, élevons bien
haut et bien joyeusement nos cœurs et nos verres !